분홍 비빔밥

분홍 비빔밥
시산맥 서정시선 070

초판 1쇄 발행 | 2020년 10월 27일

지 은 이 | 윤석금
펴 낸 이 | 문정영
펴 낸 곳 | 시산맥사
편집주간 | 이성렬
편집위원 | 강경희 안차애 오현정 정재분
등록번호 | 제300-2013-12호
등록일자 | 2009년 4월 15일
주   소 | 03131 서울특별시 종로구 율곡로 6길 36,
            월드오피스텔 1102호
전   화 | 02-764-8722, 010-8894-8722
전자우편 | poemmtss@hanmail.net
시산맥카페 | http://cafe.daum.net/poemmtss

ISBN 979-11-6243-142-9 03810

값 9,000원

* 이 도서는 부천시 문화예술발전기금의 일부 지원을 받아 제작되었습니다.
* 이 책은 전부 또는 일부 내용을 재사용하려면 반드시 저작권자와 시산맥사의 동의를 받아야 합니다.
* 이 도서의 국립중앙도서관 출판시도서목록(CIP)은 서지정보유통지원시스템 홈페이지(http://seoji.nl.go.kr)와 국가자료공동목록시스템(http://www.nl.go.kr/kolisnet)에서 이용하실 수 있습니다. (CIP제어번호 : CIP2020044253)
* 이 시집은 교보문고와 연계하여 전자책으로도 발간됩니다.

분홍 비빔밥

윤석금 시집

* 본문 페이지에서 한 연이 첫 번째 행에서 시작될 때에는 〈 표기를 합니다.

■ 시인의 말

눈이 말한다

대꾸 없는 혼잣말

졸음껌으로 씹힌다

소리가 채 썰리고

어금니 밑에

붉은 숨

새긴다

까막별

바람과 햇살에

가공되지 않은

눈

2020년 가을, 윤석금

■ 차례

1부

가면놀이 – 19

백수도 갑질하네 – 20

뱉도 없고 속도 없다 – 22

오만둥이 – 24

고등어를 찾다 – 25

고유번호는 000628 – 26

순환도로는 노랗다 – 27

눈이 말한다 – 28

비밀번호를 묻다 – 30

폭격기 날아든다 – 31

그 남자가 별 보는 법 – 32

몽마르트르 언덕에 가다 – 34

외간남자 – 36

꽁치, 꽁지 – 38

복숭아뼈 – 40

2부

비대면 – 43

날 좀 보소 – 44

푼수덩이로 산다 – 46

하루살이 찜질방에 묵다 – 47

굿모닝 꼬리 물다 – 48

실없는 이름 – 50

김 양은 이웃사촌 – 52

처세술에 취한다 – 54

양재동 전광판 – 55

임연수 – 56

낚시줄을 끊다 – 58

낮술 마시며 – 59

무궁화 – 60

간이 시장 – 62

염장 – 64

홍단길 – 65

함지박 웃음 – 66

잃어버린 달 – 67

3부

고것 고것은 - 71

지칭개 - 72

지붕을 허물다 - 74

시월 업둥이 - 76

계란프라이꽃 - 77

춘삼월이 뛴다 - 78

꼴리는 대로 살아요 - 79

호시절 점괘를 치다 - 80

얼음 땡 - 81

망상해수욕장 - 82

상상시장 - 84

점벌레를 내쫓다 - 86

간절기 원피스 - 87

노팬티 - 88

밤 - 90

세치의 해변에서 - 91

노랑상사화 - 92

4부

배꼽이 시를 쓴다 – 95
샛들의 목숨을 잇다 – 96
고파도에서 허기진다 – 98
분홍 비빔밥 – 100
11월 너의 이름은 – 101
애벌레가 피리 분다 – 102
독박골 봄은 새파랗다 – 104
앙금 – 105
무화과 – 106
뚱딴지 – 107
새만금의 가실 – 108
분첩 – 110
구름을 경작하다 – 111
호박꽃입니다 – 112
살강에 밥상 차리다 – 114
양은 주전자 – 117
꼬투리 물다 – 118
분수령에 꽃 피다 – 119
중매쟁이 화풍 – 120
태종대 – 121

■ 해설 | 최은묵(시인) – 123

1부

가면놀이

바람씨의 낌새 살피는 봄
꽃의 가슴둘레를 잰다
A컵 목련꽃은 B컵으로 부풀고
비밀스레 피어오르는
아지랑이 속내 감추는 여자도
C컵으로 살 오른다
인주 냄새처럼 후각을 후비는
분홍 봄 홍조를 띤다
짝별 찾는 바람은 슬렁슬렁
하얀 거짓말 둘러대고 가면놀이 한다
한 쌍으로 살아가는 이중성, 눈이 흔들린다
자동 감지기 작동되듯
속삭이는 눈꼬리 술렁이고
가면 위로 쑥 자라난 코
외줄 타는 피노키오 이방인 모습이다
가면의 끈, 가슴 조여온다
여자의 둥근 섬, 하얀 브래지어 꽃배
간들바람으로 노 젓는 베네치아 마르코
붉은 줄무늬 근육질 뒤태
몽환의 안개 섬 헤집는다

백수도 갑질하네

'내가 밥이야'
남편 뒤통수로 툭 던지며
백수가 갑질한다
밥알 앙알앙알
반백수로 밥상 차리는 웅크린 백조
응석받이 날개를 펼친다
밥 밥 밥
바가지 긁는 시침의 구호에 맞춰
찌푸린 눈살 비비고 발아된 쌀눈 씻는다
여자 속내로 버린 쌀뜨물 흘러간
동진강이 키운 신동진의 백미
밥이 된 여자는 밥자리 지키고 있다
잔소리꾼 남편의 밥
투정 부리는 딸의 밥
눌은밥으로
대접 융숭히 올리기도 하고
가끔은 꼬들꼬들 된밥 해놓고
주방을 맴돌기도 한다
편의점 주먹밥 내밀고

게딱지 귀 닫고 싶은 여자
식은 밥 한술 뜨고
입 더부룩한 밥 아줌마
끈기 풀어진 죽밥으로 씹히는
웃음 질퍽하게 퍼지고
백수 해안도로 달개비꽃으로 핀다
남편의 밥인 여자
끈끈한 밥풀때기 떼어본다
딸 볼에 뜨거운 찰밥
남편 볼에 싱거운 흰밥

밸도 없고 속도 없다

속없어 보이는 이웃집 여자
푸푸 꺼지는 말풍선에서
헤헤 헤 벌레가 기어 나온다
그녀와 사이
두꺼운 벽 안쪽에 실금을 긋고
헛웃음으로 메꾼다
문단속 없이 사는 잇속
이 틀어져 열린 문
바람 잘 날 없다
허풍선이 질투쟁이 머물다간다
헛기침 물고 허허실실
물컹거리는 웃음소리 받아내는
옆구리 터진 구두 코
별 반짝 잠든다
별똥으로 시 뽑고
소주잔에 달 받는 여자
속 가늠하는 시적 어귀
땡감 나무 매미가 끌끌 댄다
높은음 목소리로

속없다 뼈도 없다
소리 내는 법 배우는 여자
배꼽에 뜬
좀생이별 찾는다

오만둥이

남해에서 천덕꾸러기로 자란 오만둥이
바다의 푸른 곱먹고 자랐다
해물탕에 꼭 끼워주는 만둥이 미덕은
오징어 바지락의 맛 살려준다
오정동 해물 칼국숫집 식당 주인
손님이 주문한 메뉴
국수 3인분의 곁들이로
모래시계를 쟁반에 내온다
맛난 칼국수 비법을 설명한다
정동진역에서 도착한 모래시계
모래알이 반짝 탁자 두드릴 때
가장 최고의 맛이라고 한다
5분 후
냄비 뚜껑 밀어내는 흰 거품
부채꼴 파도가 밀려온다
눈의 허기 밀물진다
속내 깊은 만둥이
오 분의 맛
바다의 곱 오돌오돌 씹힌다

고등어를 찾다

비치타운 냉장고에서
푸른 멍 때리고 있겠지
휴가 올 때 사 온 고등어 세 마리
묵은지찜하려고 찾았다
꼬리 감춘 고등어
한 마리 어디 갔지
어디 갔니
미케비치의 푸른 물결
해롱거리는 미끈한 이두근
눈에 선하다
간밤 쓰리고 돌린 고스톱판
잘난 척하다 혼난 고도리였을까
바닷가 수초를 헤집듯
상하 칸 뒤져도 보이지 않는다
팔광 팔던 백수 남편이
새벽 낚시질하며 안줏감 했는지
넘겨짚는다
수산시장 영수증 위에서
날 좀 보소
눈 뜬 두 마리 고등어
화를 품고 있네

고유번호는 000628

물건이야, 물건 수다쟁이 아저씨들
계산대 옆 돈나무 흘깃거리며
꿍짝
입의 북채 맞장구친다
흥 돋우는 소리들
깔깔 까르르
놀고 있네
웃음 각도 잴 수 없는 눈
목소리 지문에 오류 감지하고
품은 진주 감춘다

물방울 다이아몬드 튕기는
애교 넘치는 앵무새
아직 특허청에 등록되지 않은
고유번호 000628
점포 진열장 앞 사이드 품목
부가가치 높은 명품 알아보았을까
살얼음판에서 까딱하고
미끄러지는 창업
전국 매장 점유할 날 기다리는
수수께끼 열쇠
황금 목소리

순환도로는 노랗다

밤섬에서 웃자란 봄바람은
편도로 왔다
봄볕이 노랗다
놀이터 모래밭도 온통 노란 옷
복주머니 병아리들 혀 짧은 소리
아 야 어 여 오 요
아지랑이로 핀다

내 편도선에서 간질거리는 봄
샛노래진 바람의 두음
아야 어여 우이
목에 걸려 따끔따끔거린다
병원 가는 길
개나리 흐드러진 볕을
오물오물 삼키는
남부 순환도로에서
우우
내뱉는 금빛 환호

눈이 말한다

사차원 곡선의 홍채
왕관의 보석 가넷 품은
모리스 드 블라맹크 눈
끈적임에 집착하여 접착된다
하얀 물감에 흑설탕 풀어 갠 듯했다
눈 달디달다고 말한다
캐러멜 향 스며든 붓촉
입꼬리 퍼지는 연갈색 여운
저장한 파이프
눈 이고 정열의 화로다
붓으로 건축한 집 빼꼼히 열린 창
햇살 바람 구름 하늘 오간다
소통하는 파이프 지나 들어간 캔버스
붓은 모걸음질하며
지붕 빨갛게 색칠한다
수풀 깔고 고뇌하는 브로세
휘장 있는 정물
에퓌에 설경 까치걸음 내딛고
할머니 만나 해후하는 블라맹크

그의 또 다른 파이프
정물화 된 주전자에 사랑 끓어오른다
하얀 추억 꺼내는
할머니 시린 눈 눈꽃 흩날린다
바람과 햇살에 가공되지 않은 눈의 화술
살 에이는 북풍 담은 눈
야수의 거친 겨울 담은 눈
말 없는 눈사람 눈 녹아내린다
눈 덮인 교회 뒤틀린 사과나무
기도를 그린다
눈이 말을 한다

비밀번호를 묻다

비밀번호 숫자
육의 뼈다귀 물고
주인 기다리는 로봇 개
현관문 뒤 숨겼을 꼬리
주인의 살냄새보다
질긴 암호 덥석 문
움직임이 민첩하다
칠 일 육 육 오
목덜미 쓰다듬는 차가운 손놀림
지루한 동굴 탈출한다
꾹 참았던 숨통 기침하고
문 활짝
어서 오세요
오십 평 편의점 진열된 행복
24시간 안전하게
뜬 눈으로 지켜준다
컹

폭격기 날아든다

천지 분간 분별력 없는 손
마구잡이 애송이 마주했다
힐난조로 달려드는 여자의 검은 말
날카로운 양철음
툴툴 질투 감는 입술은 실패다
풀어내는 속사포
거칠게 채찍질하는 쌍시옷과 피읖
방향 없는 폭격기 날아다니며
안전지대 달팽이 동굴 공격하고
툭 던지는 비양조 파편
오른손잡이 나의 정수리에 떨어졌다
화닥화닥 일어나는
뿌연 눈 쥐가 올라 참담했다
화염으로 무너진 담
소통 잃고 두통 앓는다

그 남자가 별 보는 법

별의별 일 뜸뜸 떠오른다
근시 있는 남자가 별 본다
반 감고 반 뜬
비대칭 양쪽 눈
1센치 눈금 만들고
먹태 맛 가늠하는 혀 술술
자유자재 늘이고 줄인다
안경 휜 다리
분주하게 별의 거리 잰다
별의 뿔은 높낮이 들쑥날쑥
천리안이 고정시킨 안성맞춤
뭉떵뭉떵 뜬 별
연마하는 더듬이 눈
찡그릴 때 찡 소리 난다
여자와 내통할 때 누르는 벨이다
58년 세공사 눈에서 보이지 않는
감탄사가 반짝인다
달빛 15도 각도로 비추는 다이아몬드
그 남자의 소주잔에

툭
뜬 별
반 접힌 눈에 달맞이꽃 흩날리고
더위 꼬임새로 죽상인 팔월 저무는
그 남자 오목눈
아름아름 보름달 감춘 눈

몽마르트르 언덕에 가다

집 없는 파리는 비상을 꿈꾼다
천오백 계단 위는 너무 드높다
입은 허덕거리기 일쑤
하지의 폭염
찌는 듯한 태양을 삶는
감자 솥에서
여자의 하얀 분 냄새가 난다
먹고 죽은 귀신 때깔도 좋다고
뽀얀 말 내뱉는 여자
속살 위로
날름
파리가 혀 내밀었던 것이 화근
손 지문 닳도록 빌며
나쁜 머리 조아리는 파리 목숨
제삿날이다
말 폭탄 터트리는 여자는
전기 파리채에
에펠탑을 세운다
화형식 치르게 될지도 모르는

재수 없는 날
동경했던 몽마르트르 언덕으로
파리의 날갯짓 날아오른다

외간 남자

숨통 조이는 여름 폭풍
낯선 남자 끼를 쿵쿵 내보이며
빌딩 숲 사이 사무실을 두드리며
히죽히죽 입질했다
도망치듯 나온 공원
버짐나무에서 빗방울 미끄러진다
보슬보슬 내리는 빗속
아랫도리 반 내리고
의식 풀린 남자가 쉬쉬 일을 본다
어긋난 하늘도 줄줄
세찬 빗줄기
불규칙한 빗방울의 맥박
천둥의 귀를 찌르고
실금 간 보도블록에서 들썩인다
강남대로 뒹구는 플라타너스 나뭇잎
바람이 등 돌리고 어석거린다
까만 우산살도
가쁜 호흡 몰아쉰다
성난 실핏줄의 낙엽

뒤엎는 발끝
천근 무게 젖은 신발 벗고
훌훌 흐르는 물웅덩이에 맨발 담근다
종아리 씻어주는 물살
엇박자의 호흡은 사직서를 쓴다

꽁치, 꽁지

꽁지머리 묶은 날
뒤통수가 계면쩍은
꽁치 꼬랑지를 보았다

고래 지느러미보다도 너울거리지 못하고
파도 흥 돋우지 못하는 꽁치
흥하고 치, 내뱉는 사람들
비웃음 마냥 무게감마저 없다
횟집 정식 곁다리
시장 좌판 생선 곁다리
바다 어귀 그물 보듯 데면데면했던 꽁치
얽히고설킨 그들과 나
비린내 풍기는 미안함 풀고 싶었다
주문한 꽁치 정식 삼 인분
호감 가는 수저질 은밀하게
어여차 어기여차
꽁치 떠안아 밥 고봉 위
최고 자리 올려준다
푸른 등 보이며 꽁하고 있던 꽁치

허연 뱃살 드러내 보이고
입속에서 살아난다
뱃머리로 떠나간 듯
꽁치 꽁무니 보이지 않는다
꽁치 몰이한 배 만선이다

복숭아뼈

그해
유월 태양이
발등으로 떨어지듯
어머니의 17문 반
발 위로
붉은 씨 떨어졌다
아버지가 드시고 내려놓은
복숭아뼈에서 분리된 씨
1965년 6월 28일
표기되어 뿌리내렸다
어머니도 좋아했던 복숭아
235밀리 작은 대지
내 발목 아래 오래도록
자리 잡았고
실한 복숭아뼈에 과육인 듯
봄이 차올랐다
바람으로 복사꽃 엮어
발찌 걸고서
경계를 그어 표시한 구역
부천 복사골에 딸을 두고
여우고개 넘나든다

2부

비대면

시계추 목청이 쉰다
하염없이 기다리는 손님
쉼 없이 바라보는 출입문
움직이는 방향으로
뒤틀리고 있다
생기 잃은 입술
경보기 소리 낸다
황등 불빛
귓불 뜨거워진다
잠깐의 소풍에도
늘 감사 기도하는 하루살이
마주 보곤
낯부끄러운 은총
자정
떠돌이별 떨어진다
웅웅
종 치는 하루살이
종적이 묘연하다
댕그랑거리는 목덜미
꼬집고 가는 하루살이

날 좀 보소

미술관 벽
말뚝에 매인 황소 만났다
방계혈족인 듯
나도 끔뻑
우직한 항우장사 남편의 모습이다
드넓은 노을 속 월계관을 쓴 한우
귀는 나팔꽃으로 피어
꽃의 전설 나불거린다
굴레 된 허무한 사랑 이야기
코뚜레는 없어도
더덕 진 굳은살 되어있다
못된 엉덩이 채찍질해주던
친족 보고 싶어
노을 헤치고 주파수를 찾는 우각
암탉의 둥지
해를 보기 위해 각 세운다
해 삼키고
아리 아리랑 쓰리 쓰리랑
우우우 그리움을 되새김질한다

가을 꽃게 등으로 떨어지는
노을 물드는 황소 콧잔등
아리고 쓰리고
날 좀 보소 날 좀 보소

푼수덩이로 산다

철없다
귀에서 대롱거리는 그 소리
철없는 몸
악화된다 혼란스러운 Fe,
어릴 적 십 촉 백열등 눈망울
하늘 높은 정육점 살코기 눈요기하고
영양부족 후유증
간간이 일으키는 빈혈 증세다
판단 어질어질
암암리 투쟁 중이다
단단한지 무른지
철드는 낯빛도 모르는 시절
고체 알약 같은 말 삼키고
마구잡이 달려온 아스팔트 길
백기 묶은 팍팍한 무릎 세우고
철분제 한 통 같은 구조물
성모병원 타워 오른다

하루살이 찜질방에 묵다

노곤한 하루살이 뼈 마디마디
어둠이 깁스하고
시침 분침 사이
층층 계단 내려온다
다리 질질 주춤주춤
암갈색 털 세우고 날아든다
참숯 온기 찾는 부나비
까만 밤 구운 단살 파먹듯
할로겐 불빛 쪼아 먹는다
겨드랑이 속살 비집고
서로 비비대는 깃털
벽시계 시침으로 꽂힌다
알집 깨어지며
낯선 아침 부화한다
허물 벗은 하얀 날개옷
똬리 틀어놓고
엿가락처럼 휘어진 미로
하루살이 바스락

굿모닝 꼬리 물다

금수도 웬수도 아니다
큰 입 작은 입들의 다툼
틈도 없이
정강이에 머리 들이대고
엉덩이 발길질한다
옆구리 찌르는 손가락질
빵빵 짖으며 잽싼 꼬리물기 하는
치열한 먹이사슬
기우뚱거리면 피투성이 된다
직사각 대형의 입속으로
먹이 될 뻔했던
방안퉁수 간담 서슬했다
작은 입 야무지게 물고
두 눈 똥글하게 불 켠다
도깨비불 꼬리 물고
천당 지옥행 하는
교차로 직진과 좌회전 신호
주춤주춤 화살 떨어질까 봐
안달 나는 모닝 모닝

엔진 달래며 일사천리 빠르다
새하얀 작은 입술
굿모닝

실없는 이름

뒷목 스트레스
까끌거리는 성격으로
늘 붙어 다니는 잔소리꾼이다

이기적인 설명서 인쇄해놓고
열 올리지 마세요
얼룩얼룩 미련 남기지 마라
비비 꼬지 마라
일편단심 잘해라
뜸뜸 풀어지는 실수
늘어지는 오해 끈
흉금 꼬집는다
축 처진 옆구리살 잡아 뜯고
오다가다 가슴 할퀴기도 한다
곳곳 따라붙는
그 이름
값어치 없는 상표 떼듯
올올이 심은 실을 심사숙고
흠 없이 뽑았다

〈
배배 꼬인 그는 실없다
새실스러워서 불편했다
뜬금없이 등 돌리고
혼자 보내는 시간이 매끄럽다
꺼스라기* 없는
무명옷 훌렁훌렁하다

*가시랭이의 전남 방언

김 양은 이웃사촌

누구더라
마누라인지 엄마인지
가물가물
수수꽃다리 향을 품은 언니
김 양은 이웃사촌이다
라일락 꽃잎 휘휘
눈웃음 물었던 내 입술도
화색은 온데간데없다
연애하는 딸 백일 기념 꽃
주방 달력으로 걸고
천일 손꼽으며
동생이 먹는 바람 자루
말린 꽃 되어간다
건조하고 흐릿해지는 눈
푸릇한 바람 자고 나간다
불어오는 트로트 열풍
꽃대롱 화통하게 피는 봄
분홍 입술 닿을락 말락
게발선인장 사이

얼레 빗살 들어오는 봄빛
엉킨 머리 빗질한다
굼뜬 애교가 풀린다

처세술에 취한다

술 한잔 못 하는 남자와
소주 마시는 선술집
안주 탐하는 얼굴 유희 펼친다
찡
눈으로 건배한다
좌우로 휘돌며 술잔 휘젓고
교묘한 눈 고량주 따라준다
진한 농도의 화술에
취한 귀 짓무른다
고막에 쌓이는 진실 없는 허세
염증 난다
약속 거부하는 깨끼 손가락
귀 후비며
돌돌 말리는 말
노란 위선 덩이들 항의한다
탁자에 수없이 이마 찧는 술잔
실없는 미소 실금 보인다

양재동 전광판

양재동 사거리는 분주하다
봄바람 시선은
가끔 공중에 매달린
전광판 광고를 향한다
바람에 내어준 하얀 알몸
부끄러움 가리고
교차로 구석쟁이에 서 있다
마른기침 쿨럭 목멘다
속살 찌르는 헤드라이트 시선
쭈뼛쭈뼛 세운 촉수
빛의 언어로 춤을 춘다
하늘로 줄 서서 차선 껍죽거린다
길섶 튕겨져 헤매는 시상
사금파리 언어 조각을 잇는다
시구 새겨진 무명옷
배냇저고리 한 벌 걸치기 위해
바느질하는 글귀 혼자 홈질한다
전광판 세워질 알몸의 시
사거리 드높게 살아 있는 우상

임연수

이면에 빼앗긴 마음 있다
임연수 마주친 건
바다 수산 벤치
파도에 자란 거친 구레나룻도 보였고
통통 배가 정박한 듯한
아저씨 배 내밀고 누운 모습이다
임 씨 성인지
이 씨 성인지
배부른 새댁 횟집 사장에게
이름이 뭐예요
이면수라는 그 말
고향은 주문진
생김새와 다른 면의 이면수
발끝 부착하고 있는
역방향 화살표 멈춘 시곗바늘 되어
내 눈 고정되어 있다
양볼 품은 비릿한 사연 풀어낼 듯한
헐떡거림, 가슴 하도 궁금해서
함께 집으로 왔다

저녁 식탁 자리 든든한 임연수
보이는 것과 달리 심심했다
푸른 바다 속살로 머문 임연수어

낚싯줄을 끊다

까마귀 까악
울어 젖히듯 별안간 울린 전화
아들 이름 미끼로
뜬금없는 신원 조회가 시작되었다
유선 전화기 너머에서 들리는 목소리
시큼털털 풍겨왔다
아들의 절규 들려주며
심장을 협박했다
불안한 울음의 맥 짚으며
벼랑 끝에 있었다
음파를 감지하는 귓등도 노래지고
방향 잡는 새파래진 다리는 바들거렸다
변종 된 까마귀였다
검은 입에 릴
번뜩이는 낚싯줄이 보였다
공갈을 매달고 입질하는 놈
주먹이 숨 들이키며 끝을 잘랐다
핏줄을 연결시킨 음성 낚싯줄
까마귀 형상 잡술꾼
돈줄을 끊었다

낮술 마시며

낮달 떠 오른 부천역
벌건 주막거리
낯빛 흥건히 취기 오른다
싸늘한 손 데우는 뚝배기
걸쭉한 순두부찌개
날숨 보글보글
더덕 진 삶 달랜다
뜨건 김 서린 눈
수수께끼 매듭 풀고
술
술술 들이킨다
쓰디쓴 들숨
희석하는 낮술
빙그르르
멀뚱히 웃는 볼우물
낮달 휘청인다
끈끈한 진국 흘러넘친다
겨울 미닫이창에
살 오르는 노을

무궁화

어머니는 무궁화 꽃이었다
무 궁 화 꽃 이 피 었 습 니 다
열 번 외치는 그 저녁 무렵
신작로 향하던 소녀 몸짓도
어느새 붉은 물들었다
어머니 펄럭이던 한복 자락
봉긋봉긋 꽃 피어오른다
소녀는 강아지처럼 뛰어가
어머니 치마폭 휘휘 감으며
몸 파묻고 꽃향 맡았다

작동의 산책로 가로수
한복에 피웠던 꽃
무궁화 옮겨 심은 듯하다
깔깔이 그 옷자락
매끈한 꽃잎 매만지며
분분한 분 냄새에 메인 목청으로
무 궁 화 꽃 이 피 었 습 니 다
작동 수주로

엉덩이 들이밀고 오는 개미
펑퍼진 무궁화 분홍 향수 더듬는다
나라의 꽃으로 피는 어머니

간이 시장

칼 가는 남자
종이상자에 쓴 입간판 세워 놓고
함박골 현대아파트 단지
사잇길에 간이 시장을 연다
칼 가는 모습을 본 적 없는 트럭이다
펼쳐놓은 작은 옴박지
두루뭉술 진열된 과일
올망졸망 눈 뜨고 있는 꽃 화분
잡은 풍폼 견주는
파 생강 마늘 토마토
자유분방 자유시장이다
언뜻 보기는 못난이들
허리 굽혀 매만지고 다듬고
새끼처럼 뉘어 놓고 마주하는 눈
햇살 그득하다
발걸음 머문 할머니
돈이 부족해서
돈만큼만 토마토 줘봐
다음에 지나가다 주세요

한 보따리 맘 후하다
날 무딘 말투로 칼 가는 남자
고추 상추 부추 마늘
날로 나날이 위풍당당하다

염장

치덕치덕 화장한 얼굴
염분 절인 듯 끈끈했다
죽은 자의 하얀 비늘
겹겹 쌓여 있는 선착장
영흥도의 거뭇한 조개무덤
간간이 엇박자 타는 해풍으로
흥 살리는 엿장수 가위 어수선하다
무색한 바다와 육지 경계
뱃머리는 짭짤했다
줄 묶인 채 걸려 있는 조기
염 치르는 마지막 의식
뚝뚝 흐르는 짠물
염장이 배 주인
비릿한 눈물도 절여진다
바다의 물살 가르는 비웃음
갈매기 날갯짓
끌끌 염장질한다
흩뿌리는 노을 간간했다

홍단 길

홍단 펼쳐진 가을
시월 단풍
국진 향기를 물고 온다
난초와 모란의 빛깔 물든 낙엽
쓰리 패 쥐고
나뭇가지 흔들고
봄날 입맞춤 소리 기억한다
소나무 가지마다
백학 날갯짓으로 나부낀다
낙엽 더미에서 오매불망
삼월 향기를 더듬던
꾀꼬리 꽃 입술 붉다
구월의 맞패
쌍피로 낙장 하는 바람
가을 으스러진다
바스락바스락
흔들리고 쓰리고 아우성
홍단 길
비가 쓸어간다

함지박 웃음

중절모 쓴 바바리 신사
은빛 자전거가 지휘하고
느슨한 페달은 노래 부른다
따르릉따르릉
우물쭈물하다 큰일 나요
함박골 교차로
청신호 메아리 들으며
동남 사거리 오가는 사람들
웃고얀 공원
꽃피우는 함지박 웃음
카페 골목 꽃 갈피 끼운다
범박과 옥길 길목
달달한 보름달 굽는 마론
디저트 카페
아련한 술밥 냄새가 난다
젤라치노 다녀온 금이
범박산 솔밭 주인
청설모가 떨어뜨린
잣소라빵 찾아다닌다
따르릉따르릉
범안로 무지개 뜬다

잃어버린 달

거미줄에 걸린 낮달이 위험하다
왕거미가 삼키다 남긴 먹잇감
달 한 조각
내 입술마저 빼앗길 뻔했다
햇살 아래
곤히 수면하는 거미 향해
눈총 쏘아 올렸다
바람도 공격했다
달은 흔들거리기만 할 뿐 그 자리
빛을 잃어버린 그날 밤
별도 숨었다
펼쳐지는 흑막

3부

고것 고것은

꽃의 옹알이를 듣는다
손톱만 한 꽃망울
곤지곤지 쬠쬠
살냄새
고것
붉은 고무 다라
물 머금고 피었던
분홍 꽃망울
부끄러운 나의 유두
고것 고것
혀끝 오물오물하며
선잠 쌔근쌔근
섬집아기 자장가 들린다
앙칼지게 간지럼 태우는 눈망울
고것 고것
사랑한다고 내뱉는
분홍 베고니아
닭살 무늬 돋는다

지칭개

붉은 독침 쏘아대는 비말
날아오르는 신종 말벌 대적하며
검은 벽치고 입 가로막고
하얀 담쌓으며 말 사린다
깜깜이 악마 피해 나간 은신처
노란 나리꽃 담소 나눈다
상처 치유된 소나무 옹이
둥지 튼 맥문동 왁자지껄
푸릇푸릇 바람도
딱따구리 소리 물고 와
여름 햇살 채운다
울고 있는 스트로브 잣나무
아물지 않은 상처 마주한다
응고되지 않은 끈끈한 하얀 눈물
초록 칠판 분필로 그린 나무
백색 가루 흘러내린 듯
덕지덕지한 멍
꼴불견 앞에 무릎 꿇고 떠나가는
눈물이 굳었을까

지친다 길어지는 날
양지공원 빤한 하늘 보며 흔드는
지칭개 꼬리

지붕을 허물다

재건축 지역
계수리 지붕 허물어진다
아찔한 정수리 기억
허허 물어온다

아웅다웅
초가 허물어지던 날
지질지질 썩은
내 어금니 뺀 듯했고
올올이 쪽진
어머니 머리 자르는 듯했다
지붕이 쑥대머리 되고
뿔뿔이 흩어지는 식구가 있었다

돌돌 말린 돈뭉치 쌓인 듯
두툼한 기와지붕 좋아서
참새 날아오르듯 했다
굼벵이 하소연이 꼬물거렸다
보금자리 사라지는 날

둥글둥글 움직이는
그 선한 몸짓 밟지 않으려고
아지랑이 찢어지도록
까치발 들고 높이 날았다
큰 고것 작은 고것들
눈 밟힌다

전세방 허물어진다
땅따먹기 투기꾼 군락지
성냥갑 아파트 돈꽃 피어난다

시월 업둥이

소소리 높은 꽃
씨받이도 할 수 없는 시월
싹 잘 키우는 화원에서
꽃 틔운 쌍둥이 국화 화분
품에 안은 업둥이다
물 졸졸 받아먹으며
몽글몽글 옹알이하더니
소슬바람으로 붉어지는
햇살 미소 암팡지다
가을 향 흩뿌리는
이쁜 짓 하는 복덩이
눈매가 날 닮았다
샛노란 눈망울이었다가
보랏빛 눈망울이었다가

계란 프라이 꽃

그녀의 꿈은 현모양처였다

이퇴계를 섬기는 그녀
천 원으로 노점시장을 흥정한다
엄마 닮은 신사임당 오만 원 품고
애지중지
한 달 월급 구멍 뚫릴까
짧은 돈줄 허리 조인다
홈쇼핑 6개월 할부로
여행상품 사들인다
입꼬리 올리고
석 자 빠드린 콧방울
눈썹 날개 달고
돈 꽃 찾아다닌다
한길가 노랗고 하얗고
계란 프라이 꽃 지천
노란 냄새 나는 꽃다지
팡 피는 행복

춘삼월이 뛴다

도드라진 하지 정맥 보는 듯
툴툴 흐트러진 담쟁이 혈관
세필 붓 맥 짚는다
담 걸린 구릿빛 겨울 담
물감 퍼지듯 화색 핀다
덩굴손 덥석덥석
삐죽이는 햇살 감아올린다
춘삼월 맥박 수군수군
갤러리 빨래터 입구
담담하게 서 있는 자작나무들
빗방울 머금으며
아낙들 입방이질 소리 흉내 낸다
냥냥 치대는 겨울
회백색 묵은 둥치
우둘투둘한 담 피가 돈다
뜨끔거리는 봄
화끈화끈

꼴리는 대로 살아요

세모꼴
잿빛 뾰족 모자 눌러 쓴
날 보고 그들은
마법사 닮은
사차원 세상 사람이래요
그래요
원통 꼴
방울 모자 눌러 쓴
날 보고 그들은
눈사람 닮은
오차원 세상 사람이래요
그래요
모양 따라 모자 꼴 바꾸며
꼴과 멋으로 꼴리는 대로 쓰는
감성 굴뚝의 시인
두상 이쁜 째쟁이
눈꼴 시려도 참아요

호시절 점괘를 치다

혈당 점검하는 바늘 끝에
검지가 발끈 날 세운다
나머지 손가락 절로 수그린다
연초 우르르 몰려간
유명한 점집에서 그랬듯이
가을바람 뒤따라간 사랑놀이
신꾼에게 그 비밀 누설될까
겁먹은 발끝 저리며 앉아있었다
뻔뻔한 그 발도 날이 선다
피 한 방울 솟구치지 않는 냉혈인일까?
멋도 모르는 손가락 꼿꼿이 세우고
고개 숙일 줄 모르던 서른 즈음
시절이 시들지 않을 거라 그랬었지
그렁그렁 맺은 핏방울
호탕하게 솟구친다
신꾼 가로막았던 승리의 눈망울
호시절 점괘를 친다

얼음 땡

여자는 땡볕을 머리에 이고
오케이 마트 문 연다
냉동고 안에 멈춘 눈 술래가 된다
기억 속의 이름들
제각기 다른 모습
얼음 땡
달달한 여름 떠 올린다
아시나요 좋아하는 여자의 남자
아맛나 맛을 아는 남자
브라보콘 내밀며 브라보 외치는 남자
껄껄 팡파르 울리는 남자
얼음 조스 바처럼 투명한 남자
바밤바 물고 꿀 웃음 흘리는 남자
돼지바를 좋아하는 남자
누가 봐도 달달한 남자
쌍쌍바 반쪽 같은 남자
하얀 설렘 있는 남자
여자는 땡땡한 얼음 통 앞에서
아이스께끼* 고른다

*아이스케이크(Ice cake)의 일본식 발음 아이스께끼(アイスケーキ)

망상 해수욕장

불볕더위로 여름이 분열된다
말짱한 꽃도 열매도 띄엄띄엄 보인다
머리에 멀쩡하게 솟은 땀띠가
시들시들해지기를 기다리는 그날
기억에 염증 앓고 있는 그녀를 만났다
지독한 한기 내린 몸살인지
두 장의 은박지 시침질 된
긴 드레스를 입고
풀어헤친 머리는 둑새풀밭이다
새 다리 발목 빼죽
달구어진 아스팔트 한길로
망상 해변 걷는 여자
비를 머금은 냉랭한 얼굴
부레옥잠 눈 뜨고 흔들림도 없다
땀 한 방울 흐르지 않는 얼빠진 이마는
붉은 땡초 냄새가 났다
도통 알 수 없는 알싸한 표정
여자는 우주복을 입고
은 두루미가 망상 해수욕장으로 날아가듯

새초롬 복사골 떠났다
여자의 망상은 혼행길이었을까
뜨거운 바람이 아웅다웅 불었다

상상 시장

입맛 살려주는 수수 빈대떡집에
한눈팔고 큰일 치렀다
입술 철판 반지르 기름칠하며
하마터면 아들 잃어버릴 뻔했다
어이 쿵 시장 바닥에 내려앉은 심장
오금 저리고 무마된 소동이었다
예나 지금이나 시장으로 다니는 마실
짧은 집게 통로는
아이들의 놀이터 입구다
남부에서 북부 잇는 굴다리
입 벌린 하마 속으로 들어가는
상상 시장 가는 길
요즘 하마 틀니가 보인다
왼쪽 좌판 명당자리
늙은 골목 자리 지키는 할머니
더덕 껍질 벗기다 멈추고 더께 진 손
까불까불 정을 키 치듯 부른다
발목 잡는 호록 국수 면발
손목 잡는 손두부

허리 세우는 멸치로
허기진 입 채우는 하마의 새집
역곡 시장 개명한 상상 시장

점벌레를 내쫓다

무단 침입자와 시작한 동거는
여름비가 내린 날이다
허락도 없이
이마에 둥지 틀고 들어와
점점 까만 욕심 키워나가며
수시로 괴롭히고 건드린다
살을 맞댄
검은 얼굴은 꼴사납다
하얀 피부 갉아 먹는 벌레
허점 찾아 소탕하는 날
오르막의 병원 문
방지턱을 넘어
혈액 속에 숨은 팔 잡고
시험관에 가두고 나왔다
기다리는 이별을 앞두고
임시방편 국소 마취제로
쓴 소주 한잔 투약했다
카, 헤헤
코웃음 치는 점벌레
아우성친다
못생긴 화상

간절기 원피스

붉은 꽃삽 놓여있는 오솔길
그녀의 간절기 원피스다
화살촉 따라 오르는 머루 넝쿨
타박타박 갈 길 멀다
푸른 옷자락 휘감아 치고
굽이굽이 일방통행
층층 통나무 계단
쉼터에 멈춘 표시
진입 금지
까만 굵은 선 가로막는다
뒤돌아 가려니
갈 길 보이지 않는다
줄 붙잡은 검붉은 머루
넝쿨 손바닥에 멍 달린다
외사랑, 금지구역

노팬티

철옹성의 대문을 열듯
호피 무늬 팬티를 벗고 기다렸다
약속 시각보다
일주일이나 서둘러서
벌거숭이 노팬티로 나온 인연은
O형과 AB형의 피로
맺은 천륜
알몸으로 만난 사이
허물 벗어 던진 사이
핏줄로 만든 천사
노팬티로 온 내 새끼는
내 새끼손가락보다 여리고
어린 고추는 종 치듯 흔들고 왔다
엉덩이 두드려주며
세상의 꼭짓점 도착을 축하했다
북받치는 울음소리는
태양 향해 북 치는 듯했었다

몇 십 년 지난 지금도

샤워 후 여문 고추를 내놓고
노팬티로 걸어 나오는 아들
난 잔소리로 채를 잡고 꽹과리 친다
노노 노노
매운 고추, 캡사이신이 어지럽다

밤

밤꽃 향 실실
나부낀 죗값이었을까
가시 옷 걸치고
바람의 폭행 감내하며
짙푸른 감옥에 갇힌 여름
쪽잠 지새운 밤
쪽방 문 열린다
집행유예로 풀어 준 소슬바람
툭 툭
달빛 깨무는 소리
가을 여문다

세치의 해변에서

세치의 해변 몽롱하다
차우차우, 이별을 고한
이태리 안개바다
마르코가 기다리고 있을지도 모를
세 치 혀 속으로
지중해 떨어진 듯
붉은 꽈리가 터졌다
씁쓸한 액 흐르고
목젖 저녁노을처럼 퍼진다
깔깔거리던 웃음 속
곱씹었던 모래알
곡선의 해변에서 휩쓸리고
부유물 되었다
말풍선에 상처를 낸
뾰죽한 배꼽시계 바늘 보인다
살구빛 모래 펼쳐진
짧은 세치 해변
카사노바도 맛보았을 포켓 커피
침샘 위에 물수제비 띄웠다
강렬한 지중해가 잠긴다

노랑 상사화

하하 웃는 하섬 바라보며
너랑 나랑
간간이 거닐었던
변산 마실 길
모래바람에 놓은 손
아련하여 핀 이별초
파리한 꽃목
감감한 잎새
울컥 적시는
파도 한 모금
맨발 알뿌리
십 리 길 둘레둘레
발병 난 초록 그리움
해넘이 노을의
한 가락
노래가 된다

4부

배꼽이 시를 쓴다

뱃속에 숨겨둔
배꼽시계가 어머니 부르며
습관처럼 밥시를 잰다
둥지 틀고 날아간 어미 새 부르듯
시시때때로 우는 시계
밥 냄새 그리워 시를 쓴다
꼬륵 꼬르륵
어울 마당 앞
엄마손 맛집 찾아간다
배꼽시계 일곱 시 향해 움직인다
허기 채우는 배 두둑 곤드레밥
태엽 감은 듯
실룩샐룩 배꼽은 울지 않는다
볼록한 배 쓰다듬는
닳아진 밥주걱
어머니 손은
천연 조미료 맛
맛있다

샌들의 목숨 잇는다

골라 골라 무조건 만원
밀려 나온 역전 가판대 물건
코 빠뜨리고 줄줄이 늘어져 있었다

발보다 먼저
콩깍지 쓴 눈이 신었던 슬리퍼
유리구슬 발찌로
발목에 맹세를 걸었다
그날부터 고개 숙이고
넙죽 엎드렸던 샌들이다
더위에 엉킨 성깔 길바닥에 풀며
질질 끌고 배회해도
돌부리 걸릴까
떠받들어 주었다
첫발 떼는 아이인 양
꽉 잡아주는 엄지발가락 힘으로
주먹까지 당당했다
월요일 하루 한 귀퉁이
헛디디고

촘촘한 구슬이 빠져나갈 듯
엉성한 잇몸 보였다
쪼글쪼글 명줄 끊어질까
이중 박음질했다
철학관 옆 신발 수선집
목숨줄을 잇는다

고파도에서 허기진다

고파도 찰진 갯벌
톳밥 냄새나는 어머니
일기장이 펼쳐진 듯하다
골골이
쓴 문장 있다
그래그래
오냐오냐

흑심 호미로 갯벌에 쓰는 기역 리을
한숨 울퉁불퉁
숨 들락거리던 마침표도
어머니 귀 기울게 하는
바지락 낙지의 숨도 있다
조금 사리 때 일어난 이야기
뼈 없는 낙지와 주꾸미
대머리 애환을 읽는다

바락바락 물총 쏘며 대들던
바지락의 말 알아듣고

사춘기 딸에게 그랬듯이
그래그래
쏙쏙 손아귀 사이로
빠져나가는 애먹이는 낙지에게
철없는 아들 그랬듯이
오냐오냐

어머니 휘어진 그레 미끄러진다
그려진 파도 발자국
짠물 자박자박하다
붉은 눈시울 걸려있는 서산
고파도 그레질로 허기 채운다

분홍 비빔밥

분 냄새 풀풀
양볼 꽃 군락지
봄 분분하다
반점과 주름 깊은 해묵은 양푼
엄마 만년 그릇
양껏 바람 담고
찰 보리밥 한 공기
콩나물 수북이
치마 상추 너울너울
어머니 붉은 가을 한 숟갈 올린다
그리운 냄새 들기름 지그재그
오솔길 내고
베란다 나가 앉는다
쓱쓱
햇살 추가 비빔 비빔
양재기에서 피는
분홍 히아신스 꽃밥
달 냄새나는
어머니

11월, 너의 이름은

열두 형제 중 11번째 아우
어머니는 동짓달이라고 불렀다
일 년 중 가장 긴 밤
시린 손 둥글 둥글 빚은 소원
무탈과 안녕 빌었다
액운 쫓아내는 주문 외우고
붉은 팥 삶아서
동장군에게 베풀었다
비바람 폭풍도 끄떡없는 아우
간혹, 눈꽃 피는 날
치마폭 휩싸여 재롱부리기도 했다

동지처럼 느꼈던 섣달과 함께
열 손가락에 들어오지 못하여
깨물어 볼 수조차 없다
어머니 떠난 후
그 이름 불러주지 않았다
미아 되어있는 동짓달
12월 22일
동그라미 그려본다
어머니가 빚은 소원

애벌레가 피리 분다

그 여자는 간에 열이 많다
에너지 과잉 방출된다
53킬로 속도제한 길
100킬로 달린다
속도위반 시티 카메라 잡힌다
삽시에 최고 속도로 전신 열꽃 핀다
피로 누적 병원에 과징금 내고
끙끙
간장약으로 달래고 헛잠 잔다

불면의 줄에
매달린 애벌레 품고 있다
탈피하려고 애쓴다
뒤꽁무니 고치 빼어낸다
신생아 나비잠 기억해낸다
여섯째 딸 천륜 잇고
가슴으로 들었던 구슬픈 보리피리
베개 속 목화밭에서 들린다
명주실 뚝 끊어진다

어머니 심장 소리와 딸 심장 잇게 하는
애벌레는 고치 지으며
구급차를 부르는 매미 흔들어 깨운다

독박골 봄은 새파랗다

고물거리는 취나물 나불대고
꼬장꼬장한 고사리
고개 숙이고 곤드레만드레
시냇가 징검다리 건너는
노랑나비 느긋느긋
메밀밭으로 날아간다
인적 없는 독박골
쑥쑥 민들레
풀잎 부대끼는 소리
수선수선
겁쟁이 검둥이별 보고 짖는다
덩달아 줄달음질 치는 청개구리 보고
푸른 독박 쓴 평창 산자락

앙금

앙금빵을 깨물었다
앙금 있는 그녀, 시금치밭 주인
검은 내숭을 앙꼬* 뭉친
얼굴 스쳐 지나갔다
뻔질거리는 빵
검은깨 툴툴 털어냈다
늘 콕콕 거리던
앙큼한 말의 씨 박힌 듯했다
단팥묵 즐기는
치매 아버지 떠나보낼 때
무쇠솥이 되어버린 속
마음 졸이고 졸인 앙금 때문인지
빵 속에 감춰진 팥 달갑지 않다
앙금 속에 시금치 냄새 있다
앙다문 입술 열고 삼킨
한입 내숭 입속에서 겉돌았다
못난 곰보빵으로 기우는 눈
보름달 물고 소원했다

*앙꼬(あんこ) : 팥소

무화과

덤이요 덤
과일 장수 덤덤한 잇몸 타는 소리
물렁물렁 무화과 보인다
손끝도 조심스러웠다
타인 삶처럼 놓아버리고
채우지 못한 헛헛한 열매
피우지 못한 꽃
쉬이 짓무른 무화과
여물지 않은 햇살 냄새난다

일곱 딸 낳은 어머니
눈물 바람 끼니 채웠고
아버지가 피운 바람 아들 바라기였다
지독한 담배 연기 물들인
그 바람에 그을린 어머니
속 텅텅 얽히고설키고 붉혔었다
물컹한 바람으로 익은 검푸른 무화과
젖 냄새난다
살점 뜯기고 갈라진 상처투성이
어머니의 덤

뚱딴지

뚱딴지 친구를 만났다
김포 사우리 넓은 땅
등 긁어줄 효자손이다
밭 허리 나잇살로 친 울타리
우리는 울퉁불퉁
돼지감자꽃으로 핀다
밭두렁에 끌끌 코 박고
부기 **빼는** 수다쟁이 입술
숨은 돼지감자 찾느라
재치 **빠른** 호미보다 날 세운다
겨우내 배부르게 먹은 모래
한 움큼 뱉어내는
붉은 눈 연둣빛 돼지 코
노르스름한 삼월의 살갗
봄 햇살 큼큼
엉뚱한 먹거리 욕심내는 뚱딴지
돈 캐는 밭 주인
우리 해바라기꽃

새만금의 가실*

고향 바람은 한 사발 약수당게
축복받은 해변 도시
부안 바람에 부화된 새만금
이방인 눈길 잡아 끈당게
갯바람 쉬어가는 코스모스
너나없이 홍게 방게
백합 미소 헤벌쭉
자줏빛 꽃망울 옹알옹알
거시기하게 불어 버리는
사투리 휘파람
지나 댕기는 행렬 겁나게 반기고
변산 바람 모퉁이
해창 쉼터 휘돌아부려
갯벌에 선 외발 솟대
쥐 오른 다리 꽁게
농게 갸웃갸웃
치솟은 조각배 한 척
갈매기 날 듯

하늘바라기 하는 깨금발 장승
노을 내린 비단고둥 찾는 당게

* '가을'의 전북 방언

분첩

엄마 부르는
진초록 뭉친 딸 목소리
거친 봉분 쓰담쓰담
띠풀 검은 잡티 제거하고
휑한 바람의 자리
늘어진 모공 또닥또닥
손 물드는 그리움
까만 살빛 보이는
분첩 속에서 꺼낸 엄마

바람을 경작한다

풀각시 흙밥 짓고
소꿉놀이 그리운 봄날
흙 내음 가로질러 격포에 섰다
초등학교 입학 첫날
새 공책에 연필로
비뚤 삐뚤 이름 적듯
진흙 쌓인 논고랑에
씨앗 심듯 이름 썼다
고향 하늘 한 조각
황금 알곡 투가리에 쌓은
천섬의 꿈
고둥 각시 모래집 짓고
갯내음 그리운 날
가로지르는 새만금 바람
구름을 경작한다

호박꽃입니다

나는 밭두렁의 꽃입니다

분가루 실실 날리며
장미처럼 따라 웃어도
겹 치마폭 살랑거려도
너부러져 흔한 듯
미소 봐주지 않습니다
스치는 바람
이슬 젖은 얼굴 닦아주며
그저 둥글둥글 살라 합니다
사계절 산모롱이 돌고
길모퉁이 돌아 나오며
모진 풍파 속에서
세상의 이치를
속으로 삭힌 바람
잠잠한 솔바람이었을 때
옆의 초목들 행복이었다고
웃음인 양
둥글게 휘파람을 붑니다

나는 분이 난 호박꽃
태양 살라 머금고
달 살라 머금으며
둥글둥글 살라 합니다

바람 따라 구름 따라
하늘에 질긴 동아줄 올리며
욕심의 노란 분마저
바람에 날리며
모나지 않게 살자는 마음
닮은 꼴인지
둥글한 호박 열립니다
내 미소
꽃자루 분가루 흩날립니다
단내 나는 샛노란 속살

살강에 밥상 차리다

아귀 틀어진 기왓장 사이
이 빠진 세월의 잇몸 보인다
황톳살의 고향 집 마당에 섰다
제멋대로 자란 풀이 삐죽이 마루에 누워있고
할머니가 흘린 간장이 화석으로 굳어있다
문턱 사라진 부엌이 안아준다
깊게 패인 부뚜막 주름살에
켜켜 앉은 세월이 잠에서 깨어나듯
가마솥 눈 게슴츠레 뜬다
부뚜막에 앉은 양은솥
웅크린 고양이 눈으로 등불 켜고
그날을 비춘다

굴뚝으로 피어오르는 한숨
삭은 화 떠내듯
소쿠리 아궁이에 대고
재 퍼내는 어머니
머릿수건 탈탈 털어낸다
성냥불 그었던 짚 대공 뒤꽁무니

활활 불 피어도
꼼짝없이 부뚜막에 앉은 고양이
혹여 살갗 델까 싶어
부지깽이로 발바닥 간지럼 태운다
가마솥 속
고봉산 안개 걷힌 봉우리 핀 설화
싸리 꽃향기 스멀거린다
설설 퍼 담은 밥공기 놓였던 부뚜막
냉기가 서려있다

가상이었다
입맛 다시는 강아지 컹컹
우짖는 소리에 등불 꺼진다
시렁을 등지고
고향의 문지방 넘는다

우물 뒤웅박 뒤집히듯
도시의 싱크대에서
미역국 끓이고

사위와 마주했던 밥상
바닥에서 밥술 뜨던 어머니의 오월
오도카니 주방에서 저녁 준비하며
가스레인지 빨간 불꽃으로 핀
카네이션 꽃송이
대리석 흰 살강에 올린다

양은 주전자

물 주전자
뜨거운 김으로 오른
아내 씩씩댄다
쌓인 욕구불만
냉랭한 서러움
잠잠히 억누른다
바글바글 끓는다
한 김 내보낸 물
첫물차 담근다
떨떠름한 그녀를
처음 우려낸다

꼬투리 물다

마실 가는 베란다는
여자의 친정이다
남편과 분쟁으로
갈 곳 사라진 눈
티격태격하는 발걸음
한 근의 한숨 내려놓는다
바람이 찾아 준 쉼표
창문 밖
구름 꼬투리 찾아보는
여자 코가 알싸하니 맵다
부안 집 창고에서 가져온
어머니 실금 간 장독
하얀 꽃 피어있다
어머니 바느질하듯
햇살 땀 땀
초록 꼬투리 매듭짓는
파꽃, 정수리로 해가 진다
저녁 곰탕 준비하며
파 자르는 진득한 눈
끈끈한 점액

분수령에 꽃 피다

분수령
꽃 피었다 지는
삼거리 분수대
하얀 꽃대 줄줄 돋는다
울컥 덜컥
연식이 오래된
고열의 자동차 지붕으로
올라올라
가을로 직진한다
분수껏 쏘아 올리는 물줄기에
둠칫둠칫 리듬을 탄다
아모르파티
나이는 숫자
흔들리는 나잇값
모르는 분수도 나들 댄다
무리수 둔 실수 연발하며
점점이 연줄연줄
물기둥 넝쿨 사이사이 피는
백일홍꽃 보푸라기
하얀 보슬 휘날린다

중매쟁이 화풍

남원 광한루
운현궁 가로지르는 화풍
나뭇가지에 그네 맨다

사모관대 폼 잡고
근육질 초록 단풍
앳된 꽃 보조개
붉은 족두리 쓴 단풍
봄의 정원에서
팔짱 끼고 백년가약 맺는다
아까시꽃 초롱 밝힌다

중매쟁이 여류시인
눈이 주례사를 읊조린다
부리 맞댄 비둘기의 축가
가야금 연줄 댕긴다

태종대

뭇사람들
엉킨 속내 풀어낼 듯
저잣거리 주막처럼
찾아드는 태종대
입구 늘어선 조약돌
잇몸이 자갈거린다

푸른 쟁반에 받쳐진 듯
여섯 개 빈 잔 앞
솟은 주전자 바위, 철철이
암반수 쏟아붓고 비워내며
밀물처럼 몰려오는
손님맞이 분주하다

바다를 에우는 날갯짓
해녀는, 양팔 하늘 휘젓는다
끼룩끼룩
해변을 채우는
오륙도 파도에
눈을 담글질한다

■□ 해설

기억의 매듭 그리고 너머의 눈

최은묵(시인)

  삶이 가닿은 자리, 거두지 못한 열매들 일부는 다시 씨앗이 되어 다른 모습으로 싹을 틔운다. 어느 것은 훌쩍, 또 어느 것은 힘들게 고개를 든다. 하지만 이때 피운 싹은 어느 시간이 흐른 뒤에 재생된 기억처럼 처음의 그것과 다르다. 꽤 오랜 시간 삶을 부여잡고 있던 이미지들은 흐릿하고 웅웅 귀를 맴돌던 소리의 타래를 분리하는 일은 고단하다. 이쯤을 지나온 길과 나아갈 길의 중간으로 읽는다면 이런 위치는 균형이 잘 잡혀있을 것만 같은데 이상한 건 균형보다 흔들림이 심한, 다시 말해 지나온 시간과 다가올 시간의 갈등이 극대화된 상태로 읽힌다는 점이다. 기억이 움켜쥔 혹은 기억을 움켜쥔(수동적이든 능동적이든 상관없이) 이전의 사건을 소환한다는 건 매듭에 다가설 준비가 되었다는 의미다. 하지만 기억은 차례로 재생되지 않고 무작위이며 과거의 눈동자를 똑바로 바라보는 순간은 대체로 무채색의 성질을 닮았다.

윤석금 시집 『분홍 비빔밥』은 먼 기억과 가까운 기억의 혼재 속에 '나'를 둔다. 이때 시적 화자인 '나'는 대체로 시인과 위치가 동일하다. 이런 고백적 언술은 시인을 엿보는 방식에선 유효하지만 교감의 방식에서 일정 부분 불리한 것도 사실이다. 그러하더라도 삶의 중간쯤에서 전후를 살펴보고자 하는, 이로 인해 멀거나 다른 세계를 지향하는 변곡점으로 삼으려는 의지는 선명하다. 그러므로 이 시집은 어떤 시간에 대한 마침이며 동시에 낯선 시간에 대한 출발로 읽어도 좋다. 윤석금 시인이 밑돌로 삼은 이전의 시간을 통해 그가 드러내고자 했던 소리가 무엇이었는지를 살펴보는 일은 이후의 시세계를 유추하는 가늠자 역할을 하지 않을까?

어떤 기억은 시간이 지날수록 점도가 높아진다. 이 끈적거리는 진액의 원천은 풀지 못한 타래의 매듭처럼 때때로 덜컹거린다. 삶의 근저에서 만나는 밑 걸림은 윤석금 시의 토대가 된다. 회피하지 않고 끝내 꺼내버린 특정 장면에 불쑥 감정이 노출되는 부분도 있지만 찬찬히 그 기저를 들여다보면 묵혀둘 수밖에 없었던 원인과 각각의 매듭을 꺼낼 시기의 편차가 왜 다른지 알게 된다.

그중에서 우선 여러 이미지로 호명되며 시집의 굵은 축을 담당하는 '어머니'를 주시해볼 필요가 있다.

엄마 부르는

진초록 뭉친 딸 목소리

거친 봉분 쓰담쓰담

띠풀 검은 잡티 제거하고

휑한 바람의 자리

늘어진 모공 또닥또닥

손 물드는 그리움

까만 살빛 보이는

분첩 속에서 꺼낸 엄마

- 「분첩」 전문

  시집 『분홍 비빔밥』에서 '아버지'보다 '엄마'의 빈도가 잦은 까닭은 어느 순간 '엄마'라는 가치가 '나'와 일치되는 것을 느꼈기 때문일 것이다. 즉 '그때의 엄마'가 '지금의 나'와 겹쳐지는 순간 엄마의 삶을 완벽히 이해하는 화자가 등장한다. 하지만 그때의 엄마는 지금 존재하지 않는다. 이젠 숙성된 기억에만 남아 있는 이름을 부르는 일은 애잔하다. 그렇더라도 감정을 서툴게 드러내는 일은 위험하다. 「분첩」에서 시인이 "엄마"를 부르는 목소리는 애써 담담하다. "봉분"을 덮은 풀을 제거하고 매만지는 과정을 "분첩"을 열고 분을 바르는 화장에 비유한 이미지는 마음 깊은 곳에서 "엄마"와 재회하는 모습을 충분히 상기시켜준다. 이 때 "분"을 바르는 행위는 회한의 시간에 대한 반성이며 사무침의 구체적 이미지다. 하지만 이 시에서 화자가 왜 이런 행동을 하는지 실체적 이유는 드러나지 않는다. 이는 이후의 시편에서 찾아보기로 하자.

  살며 마음 기댈 곳이 필요한 순간은 숱하다. 그때마다 떠오르는 "엄마"는 실존이 아니라 상징이다. "봉분" 속 엄마는 '나'의 이야기를 들어줄 뿐 대답하진 않고 시시때때로 엄마에게 달려갈 수도 없는 것이 현실이다. 그래서 "남편과 분쟁으로/ 갈 곳 사라진" 화자에게 "베란다는/ 여자의 친정"(「꼬투리 물다」)이라는 진술은 뒷맛이 길다. '남편'과 '친정'이 지닌 시사적 의미 안쪽에는 삶의 근본적인 고단함이 숨어 있다. "베란다"는 "바람"이 통하는 곳이며 "실금 간 장독"을 통해 고향 "어머니"를 만나거나 다른 세계와 소통하는 화자의 공간이란 점이 상기하는 부분이 크다.

    덤이요 덤
    과일 장수 덤덤한 잇몸 타는 소리
    물렁물렁 무화과 보인다
    손끝도 조심스러웠다
    타인 삶처럼 놓아버리고
    채우지 못한 헛헛한 열매

피우지 못한 꽃
쉬이 짓무른 무화과
여물지 않은 햇살 냄새난다

일곱 딸 낳은 어머니
눈물 바람 끼니 채웠고
아버지가 피운 바람 아들바라기였다
지독한 담배 연기 물들인
그 바람에 그을린 어머니
속 텅텅 얽히고설키고 붉혔었다
물컹한 바람으로 익은 검푸른 무화과
젖 냄새 난다
살점 뜯기고 갈라진 상처투성이
어머니의 덤

- 「무화과」 전문

"어머니"를 회상하는 사물은 시집 곳곳에서 여러 가지 모습으로 등장한다. 그중에서 "일곱 딸 낳은 어머니"를 비유하는 "무화과"는 시대적 아픔을 고스란히 품고 있다. 요즘의 세태와는 다른, 예전의 남아선호가 주는 압박을 "덤"이라는 반어적 표현으로 제시한 점은 "어머니"의 애환이 서러웠던 화자의 통증을 의미 있게 전달하고 있다. 넉넉하고 기분 좋아야 할 "덤"이 "어머니의 덤"이 되는 순간에 발생하는 무게감은 상당하다. 시대상황으로 치부하기엔 너무 아린 고통을 「무화과」라는 시 한 편에 담기에는 부족할지도 모른다.

시인에게 '어머니'의 이미지는 지독한 통증이다. 이런 까닭은 시인의 삶이 어머니의 삶과 겹치는 부분이 분명하기 때문은 아닐까? 구체적인 모습은 다를지라도 외적인, 일테면 가부장제의 부조리라든지 짓눌린 인격 등의 요인들을 겪으면서 사회적 불합리를 체험했을지도 모른다. 그러므로 시인은 '가정'이라는 실체적 이미지를 드러냄으로써 사회적 갈등에 물음을 던진 셈이며 시인의 물음은 과거의 사건을 소환하는 것에 그치지 않고 현재의 시점에서 여전히 유효하다는 사실에 주목할 필요가 있다.

그럼에도 "반점과 주름 깊은 해묵은 양푼/ 엄마 만년 그릇/ 양껏 바람 담고/ ⋯⋯/ 베란다 나가 앉는"(「분홍 비빔밥」) 화자의 목소리는 그때의 엄마처럼 약하기만 하다. 그렇더라도 시대가 변했지만 달라지지 않은 것들에 저항하는 몸짓은 크기와 상관없이 의미 있다. 윤석금 시인에게 있어 "베란다"는 어머니를 되짚어 자신의 삶을 투시하는 공간이며 동시에 시세계를 펼칠 수 있는 중요한 장소이다. 그러므로 "베란다"는 너머의 세계를 여는 문이겠지만 한

편으로는 갈등의 최고점과 맞닥뜨리는 이쪽과 저쪽의 경계라고도 볼 수 있다.

> 거미줄에 걸린 낮달이 위험하다
> 왕거미가 삼키다 남긴 먹잇감
> 달 한 조각
> 내 입술마저 빼앗길 뻔했다
> 햇살 아래
> 곤히 수면하는 거미 향해
> 눈총 쏘아 올렸다
> 바람도 공격했다
> 달은 흔들거리기만 할 뿐 그 자리
> 빛을 잃어버린 그날 밤
> 별도 숨었다
> 펼쳐지는 흑막
>
> – 「잃어버린 달」 전문

이쪽의 압박과 저쪽의 불확실 사이는 불안하다. 이런 불안이 만들어내는 긴장은 베란다에서 바라보는 바닥없는 풍경처럼 아득하다. 이쯤에서 윤석금의 시가 출발한다. "거미줄에 걸린 낮달"에서 "거미줄"은 이쪽이며 "낮달"은 저쪽이다. 두 세계가 겹쳐지는 순간에 시인은 불안한 감정을 느낀다. "거미줄"은 현실 너머 새로운 가치를 추구하고자 하는 마음을 가로막는 사물이다. "낮달"과의 소통을 가로막는 "왕거미"는 현실적 본능에 충실한 대상이다.

물론 낮달로 불리는 상현달이 밤에 뜨지 않는 건 과학적으로 당연하다. 그렇지만 이 시에서 심상에 닿는 달의 의미는 탈현실과 이데아의 가치로 환원된다. 왕거미에 먹힌 달은 앞에서 살펴보았던 어머니의 삶과 등가를 이루며 아울러 시인의 삶으로 이어지고 있음을 알 수 있다. 머잖아 낮달은 만월이 된다. 하지만 심리적 만월은 아직 까마득한 채 현재의 밤은 "흑막"이다. 「잃어버린 달」은 이만큼에서 멈추지만 뒤에 남겨놓은 여백엔 여전히 만월의 기대가 있음을 부인할 수 없다. 시인의 속내는 어머니의 삶을 되짚으며 어머니의 삶을 반복하지 않겠다는 의지가 숨겨 있을 것이다. 어머니라는 과거를 딛고 나를 되찾는 과정, 그것이 윤석금 시인이 추구하는 가치이지 않을까.

나는 밭두렁의 꽃입니다

분가루 실실 날리며
장미처럼 따라 웃어도
겹 치마폭 살랑거려도

너부러져 흔한 듯
미소 봐 주지 않습니다
스치는 바람
이슬 젖은 얼굴 닦아주며
그저 둥글둥글 살라 합니다

[……]

모나지 않게 살자는 마음
닮은꼴인지
둥글한 호박 열립니다

─「호박꽃입니다」부분

"호박꽃"은 '어머니'와 '나'를 동시에 비유한다. 너무 흔해서 눈길을 끌지 못하는 꽃이지만 꽃 진 자리 열매는 "그저 둥글둥글 살라"는 철학적 가치를 내포한다. 이것은 포기가 아니라 방식이다. 혹 어머니의 말이었을 수도 있고 어머니를 통해 얻은 화자의 말일 수도 있지만 둘을 분리하여 생각하는 것은 큰 의미가 없다. "닮은꼴"은 그것을 증명한다.
 시적 진술이 철학적 진술과 다른 점은 깨달음 너머의

이미지를 제시하는 것이다. 누군가는 그것을 여백이라고도 부르고 우리는 여백을 더듬어 끝내 말하지 않은 여운을 읽는 것이다. 그러므로 "둥글한 호박"의 의미는 원만함이 아니라 입을 닫고 마음의 모를 갈며 살아가는 여성의 시대적 상황을 빗대 표현한 것으로 읽어도 좋다.

 가족과 일상이 주는 시적 테두리는 넓지 않다. 그러나 그런 소재가 갖는 잔상은 공감을 함유한다. 얼마나 더 확장할 것인가 얼마나 더 깊어질 것인가에 대한 고민은 시인의 몫이다. 윤석금 시인이 시집 『분홍 비빔밥』에서 보여준 세계가 일상에 근접해 있다 하더라도 끝내 그가 말을 아낀 부분에 손을 대보면 축축한 무언가를 느낄 수 있다. 그것을 더듬어 읽는 것으로 시인과 독자는 함께 위로가 될 수 있을지도 모른다. 그러니 '자식'의 입장에서는 이만큼에 머물러 둥근 호박처럼 사는 것도 일편 괜찮은 모습이겠으나 '시인'의 자리에서는 둥근 호박이 절대적인 것은 아니라는 점을 윤석금 시인이 이미 알고 있지 않을까.

  세모꼴
  잿빛 뾰족 모자 눌러 쓴
  날 보고 그들은
  마법사 닮은
  사차원 세상 사람이래요

그래요

원통꼴

방울 모자 눌러 쓴

날 보고 그들은

눈사람 닮은

오차원 세상 사람이래요

그래요

모양 따라 모자 꼴 바꾸며

꼴과 멋으로 꼴리는 대로 쓰는

감성 굴뚝의 시인

두상 이쁜 째쟁이

눈꼴 시려도 참아요

― 「꼴리는 대로 살아요」 전문

  이 시에서 "꼴리는 대로"라는 말은 '마음 내키는 대로'라고 쓰는 것보다 보폭이 경쾌하다. 무언가를 위한 시도나 선언 같은 목소리는 이전에 머물지 않겠다는 강한 다짐을 보여준다. 이것은 도착이며 동시에 출발이다. 안으로 들어가는 소리를 벗어버리고 제 목소리를 갖겠다는 의지는 둥글둥글한 호박의 수동적 이미지에서 벗어나 "세모꼴"이나 "원통꼴"처럼 능동적 포지션을 취하겠다는 다짐이다.

시를 쓰는 일에 자기검열이나 타자의 눈치를 보지 않는 것은 중요하다. 각진 소리는 둥근 소리보다 힘이 세다. 이제는 어머니를 입고 내는 소리가 아니라 오롯이 자신의 소리를 내기 위해 "꼴리는 대로 쓰는" 시인의 모습을 떠올리는 일은 흥미롭다. 거미줄 너머 낮달의 숨소리가 "사차원" "오차원"을 넘나드는 언어가 되는 상상처럼 말이다.

> 시장 좌판 생선 곁다리
> 바다 어귀 그물 보듯 데면데면했던 꽁치
> 얽히고설킨 그들과 나
> 비린내 풍기는 미안함 풀고 싶었다
> 주문한 꽁치 정식 삼 인분
> 호감 가는 수저질 은밀하게
> 어여차 어기여차
> 꽁치 떠안아 밥 고봉 위
> 최고 자리 올려준다
>
> ―「꽁치, 꽁지」 부분

"꽁치 꼬랑지"에 비유한 "꽁지머리"는 화자의 심리적 위치를 명확히 보여준다. '뒤'가 지닌 값은 무게감이 없다. 시장 좌판에서 대우받지 못하는 곁다리 생선 "꽁치"를 통해 시인이 고백하고자 했던 사회적 관계는 무엇이었을까? "비린내 풍기는 미안함"은 일방적이지 않고 상호 간에 작용했을 것이다. 물러남과 밀려남은 분명 다르다. 무엇으로부터의 꽁지, 누군가로부터의 꽁지는 심리적으로 위축하게 만든다. 어머니의 일생이 그랬고, 또 어머니를 닮은 딸의 삶도 비슷했다. 그런 것들이 쌓여 매듭이 된다. '뒤'를 있게 만든 매듭은 혼자 풀 수 없다. 윤석금 시인이 시도한 방식은 그래서 긍정적이다. 더는 물러앉지 않고 문제에 직면하는 행동은 이후 시인이 어떤 시세계를 펼칠지 유추할 수 있게 해준다. "언뜻 보기는 못난이들/ 허리 굽혀 매만지고 다듬고/ 새끼처럼 뉘어 놓고 마주하는 눈"(「간이 시장」)을 가진 시인이라면 "꽁하고 있던 꽁치"가 "입속에서 살아"나기까지의 여정을 두려워하지 않을 것이다.

자신의 방식으로 사물을 바라보는 일이야말로 시인이 지녀야 할 자세이다. 남과 같지 않은 그래서 나만의 언어를 확립하는 과정은 험난하겠지만 윤석금 시인은 "천덕꾸러기로 자란 오만둥이"에서 "오분의 맛"(「오만둥이」)을 찾아내는 일이 시인이 가야 할 방향임을 이미 알고 있다.

> 이기적인 설명서 인쇄해놓고
> 열 올리지 마세요
> 얼룩얼룩 미련 남기지 마라

비비 꼬지 마라

일편단심 잘해라

뜸뜸 풀어지는 실수

늘어지는 오해 끈

흉금 꼬집는다

축 처진 옆구리 살 잡아 뜯고

오다가다 가슴 할퀴기도 한다

곳곳 따라붙는

그 이름

값어치 없는 상표 떼듯

올올이 심은 실을 심사숙고

흠 없이 뽑았다

– 「실없는 이름」 부분

'뒤'를 조금 더 살펴보자. '실'과 '실(實)'의 동음을 이용한 이 시는 "뒷목"에 닿는 부분에 생긴 옷의 "까스라기"를 "늘 붙어 다니는 잔소리"로 비유하며 시작한다. 빠져나온 "실"과 누군가의 "잔소리"를 등치시켰을 때 뒤에서 전달된 자극이 단기적은 아니라는 사실이다. 이때 '뒤'라는 방향성은 흘려 읽을 수 없는 중요한 요소다. '뒤'와 '잔소리'를 합치면 남을 헐뜯는 '뒷담화'에 닿을 수 있다. 정면

이 아닌 곳에서 꺼낸 말은 돌고 돌아 변질할 가능성이 크다. 이것은 때로는 오해가 되고 심해지면 관계가 파괴되기도 한다.

"실없다"에서 실(實)이란 꾸밈이나 거짓 없이 참되고 미더운 데가 있음을 의미한다. 누군가와 혹은 무언가와 불편한 관계에서 파생되는 꾸밈이나 거짓, 즉 "까스라기"를 제거하는 방법은 무엇일까? 문제를 회피하지 않고 방법을 찾아내는 과정이 시에 다가가는 일이라면, 윤석금 시인에게 있어 "까스라기"는 "잔소리"이며 "이기적인 설명서"이며 "값어치 없는 상표" 같은 것이며 "베베 꼬인 그"일 것이다. 그들과 맞닥뜨리는 용기는 "어머니"의 삶을 답습하지 않고 독립적인 자아를 구축하기 위한 과정이다.

외적 갈등과 내적 갈등은 끊임없이 문제를 제기한다. 그렇다면 이런 문제들을 어떻게 시적 가치로 환원시킬 수 있을까? 「염장」은 이런 갈등을 해결해주는 하나의 방법을 제시한다.

줄 묶인 채 걸려있는 조기
염 치르는 마지막 의식
뚝뚝 흐르는 짠물

−「염장」 부분

"염장"은 소금에 절여 저장하는 방식을 말한다. 소멸하였지만 존재가 사라진 것은 아닌 상태에서 시적 대상은 재생된다. 이때 작용하는 언어는 짙은 짠맛이다. 얼마의 농도로 염장할 것인가에 대한 고민은 시인의 선택이다. 윤석금 시인의 말처럼 "비릿한 눈물도 절여"질 만큼의 언어라면 시가 지닐 맛은 충분하지 않을까. 즉 염장의 과정이란 작게는 한 편의 시를 완성하기 위한 시간이며 크게는 한 명의 시인이 구축하고자 하는 세계를 일컬어도 좋을 것이다.

그렇더라도 오래 절여진 어머니처럼 여타의 시편들이 뿜어내는 맛이 온통 짜다면 식상하다. 그러므로 이제 어떻게 어디로 향해야 하는지 어떤 맛을 찾아야 하는지 시인의 고민을 엿보기로 한다.

> 길섶 퉁겨져 헤매는 시상
> 사금파리 언어 조각을 잇는다
> 시구 새겨진 무명옷
> 배냇저고리 한 벌 걸치기 위해
> 바느질하는 글귀 혼자 홈질한다
>
> ―「양재동 전광판」 부분

결국 시를 쓰는 일은 홀로 외로운 여정이다. 사물은 곳곳에 있지만 사물에서 시상을 잡고 시를 완성하는 과정은 녹록지 않다. 이런 고독은 한편으로 시가 지닌 매력이다. 윤석금 시인은 그 매력이 무엇인지 이미 알고 있다. "길섶 퉁겨져 헤매는" 것들에게 숨을 불어넣는 일은 한 벌의 옷을 만드는 것과 크게 다르지 않다. 한 땀 한 땀 바늘로 깁듯 "언어 조각을 잇는" 마음은 정성이다. "초등학교 입학 첫날/ 새 공책에 연필로/ 비뚤 삐뚤 이름 적듯/ 진흙 쌓인 논고랑에/ 씨앗 심듯"(「구름을 경작하다」) 온 마음을 다해 쓰는 시는 그 자체로 소중하다.

"굴뚝으로 피어오르는 한숨/ 삭은 화 떠내듯/ 소쿠리 아궁이에 대고/ 제 퍼내는 어머니"(「살강에 밥상 차리다」)는 그런 마음으로 시를 쓰듯 일곱 딸을 키웠을 것이고, 이제 그 딸은 어머니의 마음을 이어받아 자식을 키우듯 시를 쓰고 있다.

> 고파도 찰진 갯벌
> 톳밥 냄새나는 어머니
> 일기장이 펼쳐진 듯하다
> 골골이
> 쓴 문장 있다
> 그래그래

오냐오냐

흑심 호미로 갯벌에 쓰는 기역 리을
한숨 울퉁불퉁
숨 들락거리던 마침표도
어머니 귀 기울게 하는
바지락 낙지의 숨도 있다
조금 사리 때 일어난 이야기
뼈 없는 낙지와 주꾸미
대머리 애환을 읽는다

바락바락 물총 쏘며 대들던
바지락의 말 알아듣고
사춘기 딸에게 그랬듯이
그래그래
쏙쏙 손아귀 사이로
빠져 나가는 애먹이는 낙지에게
철없는 아들 그랬듯이
오냐오냐

어머니 휘어진 그레 미끄러진다
그려진 파도 발자국

짠물 자박자박하다

붉은 눈시울 걸려있는 서산

고파도 그레질로 허기 채운다

– 「고파도에서 허기진다」 전문

"그래그래/ 오냐오냐" 골골이 쓴 어머니의 문장은 발 푹푹 빠지는 갯벌 같다. 속을 알 수 없는 엄마의 말이 온통 시라는 사실을 시인은 언제쯤 알았을까. "그레질로 허기"를 채우는 동안 엄마가 디딘 발자국들이 울퉁불퉁 시 어었다는 사실을 알기까지 시인은 다만 엄마의 애환에 빠져있었을지도 모른다. 윤석금 시인에게 어머니는 빼놓을 수 없는 시적 대상이며 동기이며 발화점이다. 몸으로 익힌 언어는 쉽게 소멸하지 않는다. 체화된 이미지는 생생하고 그런 언어를 부리는 일은 당사자가 아닌 한 쉽지 않다. "그래그래/ 오냐오냐" 보다 더 큰 엄마의 말이 또 있을까?

그것을 잡아내는 일, 다시 말해 어머니의 도착점이 윤석금 시인의 출발점이다. 도착점과 출발점은 동일한 위치이지만 다른 방향을 의미한다. 그 다름이 딸이 아닌 시인으로서 지켜내야 할 이정표라면 이제 그가 해야 할 일은 어머니에게서 벗어나는 일일지도 모른다.

밤꽃 향 실실

나부낀 죗값이었을까

가시옷 걸치고

바람의 폭행 감내하며

짙푸른 감옥에 갇힌 여름

쪽잠 지새운 밤

쪽방 문 열린다

집행유예로 풀어 준 소슬바람

툭 툭

달빛 깨무는 소리

가을 여문다

- 「밤」 전문

「밤」은 삶에 거리를 두고 객관적으로 관찰한 시편이다. 그 삶이 어머니일 수도 있고, 어머니로부터 겹쳐진 화자일 수도 있다. "여름"을 벗어나 "가을"을 맞기까지 성장기의 화자가 겪은 계절은 "죄", "폭행", "감옥", "집행유예" 같이 면면이 어두운 상징이다. 이런 과정을 견디고 나서야 열매가 되는 순리는 과실수뿐만 아니라 사람에게도 동일하게 적용할 수 있다.

어둠과 열매가 혼용되는 중의적 "밤"은 휴식과 완성의

의미를 지닌다. 이는 새로운 아침과 새로운 싹을 준비하는 때이다. 그렇다면 시인에게 새로운 아침과 새로운 싹이란 무엇일까?

윤석금 시인의 시집 『분홍 비빔밥』이 "여름"을 거쳐 "가을"에 닿는 과정이었다면 이제 "가을" 이후의 세계가 어떻게 펼쳐질지 궁금하다. 이런 궁금증을 얼마간 해소시켜주는 「눈이 말한다」는 시인의 방향성을 일부 제시하고 있다고 볼 수 있다.

> 사차원 곡선의 홍채
> 왕관의 보석 가넷 품은
> 모리스 드 블라맹크 눈
> 끈적임에 집착하여 접착된다
> 하얀 물감에 흑설탕 풀어 갠 듯했다
> 눈 달디달다고 말한다
> 캐러멜 향 스며든 붓촉
> 입꼬리 퍼지는 연갈색 여운
> 저장한 파이프
> 눈 이고 정열의 화로다
> 붓으로 건축한 집 빼꼼히 열린 창
> 햇살 바람 구름 하늘 오간다
> 소통하는 파이프 지나 들어간 캔버스

붓은 모걸음질하며

지붕 빨갛게 색칠한다

수풀 깔고 고뇌하는 브로세

휘장 있는 정물

에퓌에 설경 까치걸음 내딛고

할머니 만나 해후하는 블라맹크

그의 또 다른 파이프

정물화 된 주전자에 사랑 끓어오른다

하얀 추억 꺼내는

할머니 시린 눈 눈꽃 흩날린다

바람과 햇살에 가공되지 않은 눈의 화술

살 에이는 북풍 담은 눈

야수의 거친 겨울 담은 눈

말없는 눈사람 눈 녹아내린다

눈 덮인 교회 뒤틀린 사과나무

기도를 그린다

눈이 말을 한다

- 「눈이 말한다」 전문

삶의 근처에서 만난 사물의 언어가 더 먼 곳의 언어를 취하기까지 시인의 고민은 멈추지 말아야 한다. 어머니는 어머니의 언어로 말했으니 이제 시인은 시인의 언어로 말해야 한다. 그래야 이전 사건들을 재해석하여 싹 틔운 '베란다 너머'가 단단해지리라 본다. 『분홍 비빔밥』은 지나온 길과 나아갈 길의 사이다. 이곳에서 어느 방향으로 뻗을지는 오로지 시인의 몫이다. "베란다"에서 바라본 저 너머의 세계는 결코 허상이 아니다. 「눈이 말한다」는 멈추지 않겠다는 시인의 의지다. 본문에서 "눈"은 '눈[雪]'이겠지만 자꾸 '눈[目]'으로 읽히는 까닭은 사물 너머의 이미지를 꿰뚫겠다는 시인의 강렬한 의지 때문이기도 하다.

한 편의 작품을 위해 자신을 소금에 절이는 일이 얼마나 큰 고통인지 시를 쓰는 사람은 익히 알고 있다. 이번 시집을 통해 윤석금의 시를 정의한다면, "알몸으로 만난 사이/ 허물 벗어 던진 사이"(「노팬티」)로 말해도 과언이 아닐 것이다. 훌쩍 반달이 보름달이 되고 계절이 바뀌는 동안 "소주잔에 달 받는 여자", "소리 내는 법 배우는 여자"(「뼈도 없고 속도 없다」)가 누구의 딸이거나 아내이거나 엄마가 아니라 온전히 시인 윤석금으로 "눈"이 하는 말을 옮겨 적기를 기대해본다.